건강한 소그룹 모임을 위한

주빌리 성경공부 ❶

| 신념편 |

건강한 소그룹 모임을 위한
주빌리 성경공부 ❶
| 신념편 |

2024년 12월 6일 처음 펴냄

지은이 | 유은주
펴낸이 | 김영호
펴낸곳 | 도서출판 동연
등　록 | 제1-1383호(1992년 6월 12일)
주　소 | 서울시 마포구 월드컵로 163-3
전　화 | (02) 335-2630
팩　스 | (02) 335-2640
이메일 | yh4321@gmail.com
인스타그램 | instagram.com/dongyeon_press

ISBN 978-89-6447-072-5 04230
ISBN 978-89-6447-071-8 04230 (주빌리 성경공부 시리즈)

본 저서는 2020년 대한민국 교육부와 한국연구재단의 지원을 받아 수행된 연구에 기초함
(NRF-2020S1A5B5A17091101).

건강한 소그룹 모임을 위한

주빌리 성경공부 ❶

| 신념편 |

유은주 지음

동연

추천의 글

　먼저 『주빌리 성경공부』의 출간을 축하합니다. 아스머 교수의 논의에 기초해 신념, 관계, 신비, 헌신으로 구성된 이 교재는 교회와 캠퍼스의 신앙교육에 큰 도움이 될 것입니다. 그것은 기독인들이 실생활에서 마주하는 다양한 이슈와 관련해 성경은 어떻게 말씀하고 있는지, 신앙인들이 어떻게 해야 하는지 안내하고 있기 때문입니다.

　이 책을 펼치는 이들마다 스스로 생각하고 판단해서 어떻게 하면 자기 삶속에서 하나님의 뜻을 이룰 수 있을지를 숙고하게 될 것입니다. 서로의 생각을 듣고 자기 생각을 이야기하면서 성경적이면서도 현실적인 방안을 찾을수 있는 질문을 마주할 것입니다. 그리고 영과 육, 성과 속, 사랑과 정의 등으로 분리하던 이분법적 세계관을 극복하고 모든 것을 다스리시는 하나님 중심의 통전성을 회복함으로써 건강한 신앙을 형성하게 될 것입니다.

　신앙 교육에 40년간 함께해 온 제게 이 교재는 예수 그리스도의 하나님 나라 비전을 키우는 데 큰 도움이 되리라 확신합니다. 이 책을 접하는 이들마다 하나님의 은혜가 가득하기를 기원하며 적극 추천합니다.

전 한신대 기독교교육학과 교수
공덕교회 담임 이금만 목사

추천의 글

　이 책은 건강한 소그룹을 원하는 공동체라면 반드시 적용해야 할 성경공부 교재입니다. 저는 목회현장에서 건강한 소그룹 사역을 위해 준비된 리더와 더불어 좋은 교재의 중요성을 절실히 느꼈습니다. 이번에『주빌리 성경공부』를 보면서 이토록 잘 집필된, 균형 잡힌 교재가 있을까라는 생각을 하게 되었습니다.

　이 책은 각 과마다 네 단계로 구성되어 말씀과 자신의 생각을 비교하게 함으로써 소그룹 나눔을 깊이 있고 밀도 있게 이끌어줍니다. 또한 분기별 실천하기 파트는 소그룹이 무엇을 지향해야 할 것인가를 분명하게 보여줍니다. 이 모든 내용이 통전적으로 하나님 나라의 회복이라는 관점에서 일관성을 유지하고 있다는 점에서 소그룹이 어떻게 구성되어야 하는지를 깨닫게 해줍니다.

　코로나 팬데믹 이후 소그룹 사역이 큰 관심을 받고 있는 가운데 소그룹 사역이 개인의 신앙 성장에 기여하는 것은 물론, 사회적인 병리 현상까지 치유하고 새롭게 하는 대안적 사역으로 발전하기 위해서는 영성과 지성, 인성과 사회성의 모든 영역이 통전적으로 다루어져야 할 필요가 있습니다. 오랜 시간 동안 튼실한 학문적 바탕 위에 출간된 네 권의 교재는 한국교회의 건강한 소그룹 사역에 크게 기여할 것이라 믿어 의심치 않습니다.

한국소그룹목회연구원 대표
서현교회 담임 이상화 목사

오늘날 한국 교회는 새로운 출구를 필요로 합니다. 교회에 대한 사회적 공신력이 크게 약화된 오늘날 교회는 어떤 역할을 감당할 수 있을까요? 먼저 기독교인으로서 우리의 정체성을 명확하게 인식해야 합니다. 우리는 하나님 나라의 백성이자 사회의 구성원으로 이중적 정체성을 잊지 말고 균형적 관점에서 사회 이슈들을 말씀에 비추어 보면서 오늘날의 현실 속에서 제자도를 실천해야 합니다. 또한 지금까지 영과 육, 성과 속, 사랑과 정의 등으로 분리했던 이분법적 세계관을 극복하고 하나님 중심의 통전적 세계관을 회복해야 할 것입니다.

이때 우리는 동화 속 세상처럼 흑백이 명확히 구별되기보다 무엇이 옳고 그른지를 파악하기 쉽지 않은 경우를 종종 마주하게 됩니다. 그래서 이 책은 닫힌 질문보다 열린 질문을 통해 개방적 성찰 역량을 기를 수 있도록 했습니다. 또한 다양한 토론거리를 마련하여 구성원들 간의 관계적 소통 역량을 강화할 수 있도록 했습니다. 더 나아가 구성원들 상호 간의 필요를 파악하고 그것을 채우는 평등적 나눔 역량을 육성할 수 있도록 다양한 실천 방안을 제안했습니다.

이런 구상은 사실 오래 전 외국 학생들과 소그룹 모임을 하면서 시작되었습니다. 당시 성경공부 교재들을 살펴보니 교재들이 주로 조직신학적으로 배열되어 교리를 설명하는 데 초점을 두고 있음을 알게 되었습니다. 이에 오늘날의 상황과 관련하여 우리에게 어떤 실천이 필요한지를 모색하게 하는 데 한계가 있어 보였습니다. 특히 변화하는 사회 속에서 경쟁이 심화되고 있는 가운데 교회는 어떤 역할을 할 수 있을지 함께 고민해야 할 필요를 느꼈습니다. 그 결과, 이 책은 구약의 희년사상을 토대로 공생, 공존, 공조라는 하나님 나라의 가치를 환기시키고자 했습니다.

출판을 위해 먼저 한국연구재단과 동연출판사의 김영호 대표님을 비롯해 박현주 팀장님과 모든 선생님들께 감사드립니다. 또한 귀한 시간을 들여 교재를 검토해 주신 교수님, 목사님, PPT 자료 제작을 도와준 배요한 전도사와 동역자분들에게 깊이 감사드립니다. 이 책을 통해 우리가 정의와 평화의 하나님 나라를 향해 한 걸음 더 가까이 나아갈 수 있기를 소망합니다.

2024년 11월
유은주 드림

차 례

결정(Decision)

부록

신념편
Belief

학습목표

주제	과 제목	학습 목표
소원	우리의 소원	믿음의 선조들은 어떤 소원을 가지고 있었으며 그것이 어떻게 이루어졌는지를 살펴보고 자신의 소원이 주님의 마음에 합치되는지를 성찰한다.
	기복신앙	주님께서 어떤 축복을 약속하셨는지를 확인하고 축복에 대한 기존의 이해를 비판적으로 재고한다.
	주님의 비전	세상을 향한 주님의 비전이 무엇인지를 이해하고 그것을 우리의 삶 속에서 실현하게 할 방법을 모색한다.
	주님의 기도	주님의 기도 습관과 주기도문의 내용을 이해하고 하나님 나라 비전을 위해 동참할 것을 결단한다.
결실	열매 맺는 삶	포도나무의 비유와 솔로몬의 권면을 통해 주님 안에서 열매 맺는 삶의 비결을 발견한다.
	후회하고 있지는 않습니까?	베드로와 가룟 유다를 비교함으로써 지나간 실수에 대해 주님의 도우심을 구하기로 결단한다.
	인생의 빈 그물을 채우시는 주님	욥과 사울을 통해 인생의 허무감이 어떻게 찾아오는지 확인하고 그것을 극복할 수 있는 방법을 이해한다.
	주님께서 바라시는 열매	말씀을 통해 주님께서 우리에게 바라시는 열매가 무엇인지를 이해하고 그런 열매를 맺기로 결단한다.
결정	선택의 기로에서	아브라함의 가정과 솔로몬을 비교함으로써 선택의 기로에서 주님의 인도하심이 얼마나 중요한지를 인식한다.
	주님을 경외합니까?	선악과 사건과 이삭의 번제 사건을 통해 주님을 경외함으로써 올바른 결정을 하기로 결단한다.
	위기의 순간에	기드온과 에스더의 사례를 통해 위기를 지혜롭게 극복할 수 있는 비결을 발견한다.
	끝까지 신실하게	라반과 시드기야를 반면교사로 삼아 당장의 실리 때문에 합의된 결정을 번복하지 않도록 결단한다.

소원
Wish

1과

우리의 소원

생각열기

1 여러분의 올해 소원은 무엇입니까?

2 그 밖에 여러분이 오랫동안 바라고 준비해 온 것으로 무엇이 있습니까?

성찰하기

1 여러분의 소원이 혹시 기대한 때에 여러분이 바라는 대로 이루어지지 않은 적이 있었습니까? 그때 여러분의 마음은 어땠습니까?

2 만일 주님께서 여러분에게 예비하신 것이 여러분의 기대와 다르다면 어떻게 하겠습니까?

살펴보기

말씀을 통해 믿음의 선조들은 어떤 소원을 가지고 있었는지 살펴봅시다.

| 아브라함 |

아브라함에게는 어떤 소원이 있었습니까? 창 15:2-3

이에 대해 주님은 어떤 말씀을 하셨습니까? 창 15:4-5

이때 아브라함은 어떤 반응을 보였습니까? 창 15:6

이것이 왜 중요합니까? 롬 4:18-22

그 소원은 언제 이루어졌습니까? 창 21:1-5

| 솔로몬 |

당시는 어떤 상황이었습니까? 왕상 2:10-12

솔로몬은 무엇을 갖기를 원했습니까? 왕상 3:7-9

주님은 솔로몬의 어떤 점을 기쁘게 보셨습니까? 왕상 3:10-11

주님은 솔로몬에게 무엇을 약속하셨습니까? 왕상 3:12-14

그 결과는 어떻게 되었습니까? 왕상 4:20-34

더 생각해보기

1 이런 내용을 통해 볼 때 주님은 어떤 분인 것 같습니까?

2 신앙이 없는 사람들과 신앙이 있는 사람들을 비교했을 때 어떤 점에서 차이가 있을까요? 또는 차이가 없다면 왜 그럴까요?

3 여러분의 소원이 주님의 마음에 합하는지 생각해 보세요.

소원 Wish

2과 기복신앙

 생각열기

1 사람들은 복을 기원하기 위해 주로 어떤 일들을 합니까?

2 사주(타로)나 점, 새해 운세나 오늘의 운세 등을 본 적이 있습니까? 그렇게 한 특별한 이유가 있었습니까?

성찰하기

1 여러분은 무엇이 가장 큰 복이라고 생각합니까?

2 기독교인들은 기복신앙으로부터 자유로운 것 같습니까? 왜 그렇게 생각합니까?

살펴보기

주님은 믿는 자들에게 어떤 축복을 약속하셨는지를 살펴봅시다.

| 형통한 삶 |

주님은 어떤 사람이 복 받는 사람이라고 말씀하십니까? 시 1:1-2

주님의 축복을 받는 사람에게 어떤 결과가 따릅니까? 시 1:3

악인과 의인은 결국 어떻게 됩니까? 시 1:4-6

주님이 보시기에 의인은 어떤 사람입니까? 시 37:3-6

때로 악인들이 형통한 것은 어떻게 해석됩니까? 시 73:12-19

| 여덟 가지 축복 |

주님은 누가 복을 받는다고 말씀하셨습니까? 마 5:3-10

여러분은 이 가운데 어디에 해당합니까?

주님은 어떤 복을 약속하셨습니까?

주님이 약속하신 복은 여러분이 기대한 축복과 어떤 점에서 차이가 있습니까?

이런 축복이 기다려집니까?

더 생각해보기

1 이 내용을 통해 새롭게 깨달은 것은 무엇입니까?

2 오늘 다룬 내용을 통해 볼 때 삼박자 축복론(물질, 건강, 성공)은 어떻게 평가될 수 있겠습니까?

3 만약 여러분이 기대한 대로 이루어지지 않더라도 주님이 약속한 축복을 바라보며 끝까지 주님을 신뢰하고 따를 수 있겠습니까?

3과

주님의 비전

 생각열기

1 여러분은 자신이 간절히 바라는 것을 위해 어떤 노력을 기울이고 있습니까?

2 한편, 아무리 노력해도 안 되는 것은 무엇이 있을까요?

성찰하기

1 여러분은 어떤 사회를 꿈꿉니까? 여러분이 원하는 가치는 무엇입니까?

2 세상에 대한 주님의 비전은 무엇일까요?

살펴보기

말씀 속에서 주님께서 바라시는 것이 무엇인지를 살펴봅시다.

| 공평과 정의와 평화 |

애초에 주님은 왜 아브라함을 선택하셨을까요? 창 18:19

이사야는 그것을 어떻게 표현했습니까? 사 5:1-2

주님은 이스라엘에게 무엇을 기대하셨습니까? 사 5:7

주님이 약속하신 메시아는 어떤 특징을 지닙니까? 사 11:3-5

주님이 바라는 세상은 어떤 세상입니까? 사 11:6-9

| 정의와 긍휼과 믿음 |

주님은 무엇을 하지 말라고 하셨습니까? 사 1:10-14

또한 주님은 무엇을 싫어하신다고 하셨습니까? 사 58:3-5

주님이 기뻐하시는 금식이란 무엇을 의미합니까? 사 58:6-7

주님이 우리에게 바라시는 것은 무엇입니까? 사 1:15-17

이것을 복음서에서는 어떻게 말씀하고 계십니까? 마 23:23

더 생각해보기

1 이런 주님의 비전은 여러분의 삶에서 얼마나 큰 비중을 차지하고 있습니까?

2 오늘날 사람들은 자신이 노력한 만큼 정당한 보상을 받는 것 같습니까? 왜 그렇게 생각합니까?

3 정치, 경제, 사회, 문화 등 삶의 각 영역에서 주님의 비전은 어떻게 구체화 될 수 있을까요?

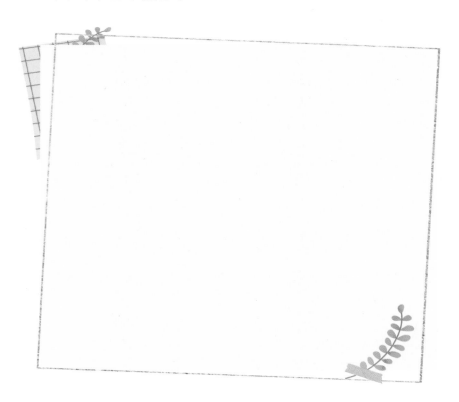

4과

주님의 기도

생각열기

1 여러분은 주로 언제, 어디서, 어떻게 기도합니까?

2 주로 어떤 기도를 드립니까? 왜 그렇게 기도합니까?

성찰하기

1 여러분은 기도의 응답을 확신합니까? 만일 그렇지 않다면 그 이유는 무엇일까요?

2 주님은 우리에게 궁극적으로 왜 기도하라고 하신 것일까요?

살펴보기

말씀 속에서 기도에 대한 주님의 가르침을 살펴봅시다.

| 주님의 기도 습관 |

평소에 주님은 기도를 왜 하셨으며 어떻게 하셨습니까? 막 1:35-39

십자가를 지시기 전 주님은 어떤 준비를 하셨습니까? 마 26:36-38

이때 주님은 어떤 기도를 하셨습니까? 마 26:39

주님은 제자들에게 무엇을 요청하셨습니까? 마 26:40-43

기도를 마치신 주님의 모습은 어땠습니까? 마 26:44-46

| 주님께서 가르쳐주신 기도 |

주님은 기도할 때 무엇을 주의하라고 말씀하셨습니까? 마 6:5-8

주님은 먼저 무엇을 위해 기도하라고 가르쳐 주셨습니까? 마 6:9-10

또한 주님은 교회를 위해 어떻게 기도하라고 하셨습니까? 마 6:11-13

교회가 공동으로 이 기도를 드릴 때 그 안에는 어떤 책임이 요구됩니까?

지난 시간에 살펴본 주님의 비전은 주님의 기도와 어떻게 연관됩니까?

더 생각해보기

1 이런 내용을 통해 볼 때 우리는 어떻게 기도해야겠습니까?

2 지금까지 주기도문을 습관적으로 외우지는 않았습니까?

3 누군가는 그날 먹을 양식을 위해 기도할 때, 여러분은 자녀들에게 줄 유산까지 쌓고 있지 않습니까?

결실
Fruit

1과

열매 맺는 삶

생각열기

1 자신의 삶을 돌아볼 때 가장 의미 있었던 일은 무엇이라고 생각합니까? 그 이유는 무엇입니까?

2 그것을 위해 여러분은 어떤 노력을 했습니까? 그 노력에 보람을 느낍니까?

성찰하기

1 앞으로 10년 후에는 어떤 일을 이루고 싶습니까?

2 그것을 위해 앞으로 어떻게 할 계획입니까?

살펴보기

말씀을 통해 열매 맺는 삶의 비결을 찾아봅시다.

| 포도나무의 비유 |

주님은 자신을 무엇에 비유하셨습니까? 요 15:1

하나님은 좋은 열매를 맺게 하시려고 어떤 일을 하십니까? 요 15:2

우리는 어떻게 열매를 맺을 수 있습니까? 요 15:3-5

여기서 열매는 무엇을 의미할까요?

'주님 안에 머물러 있다'는 것은 무엇을 의미합니까? 요 15:9-12

| 솔로몬의 권면 |

솔로몬은 어떤 삶이 최선의 삶이라고 보았습니까? 전 3:12-13

이런 삶은 어떻게 가능합니까? 시 127:1-2

솔로몬은 특히 청년들에게 어떤 교훈을 남겼습니까? 전 11:9-12:2

결국 전도서에서 솔로몬이 말하고자 한 것은 무엇입니까? 전 12:13-14

솔로몬이 말하는 성공의 비결은 무엇입니까? 잠 16:3

더 생각해보기

1 이 내용을 통해 여러분은 열매 맺는 삶의 비결이 무엇이라고 생각합니까?

2 주님은 더 많은 열매를 맺게 하려고 가지를 손질한다고 하셨습니다. 여러분에게 손질이 필요한 부분은 어디라고 생각합니까?

3 여러분은 매 순간 주님의 인도하심을 간구하고 있습니까? 아니면 자신이 원하는 대로 삶을 살아가고 있습니까?

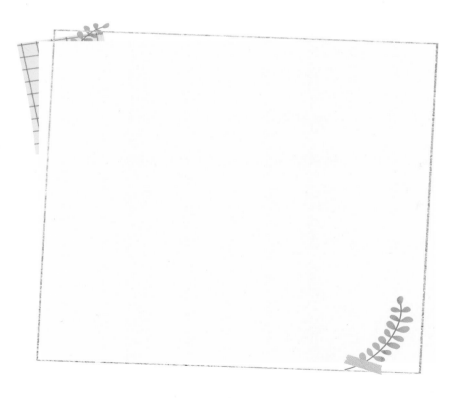

2과

후회하고 있지는 않습니까?

 생각열기

1 여러분이 만일 타임머신을 타고 돌아갈 수 있다면 언제로 돌아가고 싶습니까? 왜 그때로 돌아가고 싶습니까?

2 돌이킬 수 없는 실수에 대해 여러분은 주로 어떻게 반응하는 편입니까?

성찰하기

1 여러분은 자기 삶에 얼마나 만족합니까?

2 혹시 후회되는 것이 있다면 어떤 점에서 그렇습니까?

살펴보기

말씀 속에서 후회와 관련된 부분을 살펴봅시다.

| 베드로 |

베드로는 어떤 잘못을 했습니까? 눅 22:54-60

잘못을 깨달은 베드로는 어떻게 했습니까? 눅 22:61-62

주님은 어떻게 베드로를 찾아오셨습니까? 요 21:1-7

주님을 다시 만났을 때 베드로의 마음은 어땠을까요?

베드로는 어떻게 회복될 수 있었습니까? 요 21:15-19

| 가룟 유다 |

그는 어떤 사람이었습니까? 요 12:1-6

그룟 유다는 어떤 잘못을 저질렀습니까? 마 26:47-50

그는 왜 주님을 배신했을까요?

잘못을 깨달은 가룟 유다는 어떻게 했습니까? 마 27:1-5

이에 대해 주님은 뭐라고 예언하셨습니까? 마 26:21-24

더 생각해보기

1 베드로와 가룟 유다는 어떤 점에서 공통점과 차이점이 있습니까?

2 여러분은 자신이 저지른 잘못에 대해 주님께 어떤 도움을 구하고
싶습니까?

3 삶이 너무 고달픈 나머지 자살을 생각하고 있는 사람에게 어떤
조언을 해줄 수 있겠습니까?

3과

인생의 빈 그물을
채우시는 주님

 생각열기

1 여러분은 '번아웃 증후군'에 대해 들어본 적이 있습니까? 그것은 어떤 증상을 나타냅니까?

2 어떤 사람한테 '번아웃 증후군'이 나타날까요?

성찰하기

1 여러분은 인생의 허무감을 느낀 적이 있습니까? 언제, 무슨 일로 그런 경험을 했습니까?

2 허무감을 극복하기 위해 어떻게 했습니까?

살펴보기

말씀을 통해 인생의 허탈감/허무감이 어떻게 찾아오는지 살펴봅시다.

| 욥 |

욥은 왜 허탈감에 빠졌습니까? 욥 30:25-27

고난 당하기 전에 욥은 어떤 삶을 살아왔습니까? 욥 29:12-17

이에 욥은 무엇을 기대했습니까? 욥 29:18-25

결과는 어땠습니까? 욥 30:28-31

욥은 이것을 어떻게 해석했습니까? 욥 30:19-23

| 사도 바울 |

사도가 되기 전에 사울은 무엇에 열심이었습니까? 행 9:1-2

사울은 누구를 만나게 되었습니까? 행 9:3-6

이후 사울은 어떻게 되었습니까? 행 9:7-9

그는 왜 식음을 전폐했을까요?

그 과정에서 그가 깨달은 것은 무엇이었습니까? 행 9:20

더 생각해보기

1 사울처럼 주님을 위해 열심히 산다고 자부했지만, 그에 합당한 보상은커녕 정반대의 평가를 받게 되지 않을지 자신을 돌아봅시다.

2 욥처럼 주님의 뜻을 기쁘게 행하다가 허탈감 때문에 올바른 실천을 멈추고 있지는 않습니까?

3 때로는 크나큰 허무감에 번아웃 증후군을 겪을 때가 있을지라도 우리를 돌보시는 주님께서 우리를 회복하게 하실 것을 믿습니까?

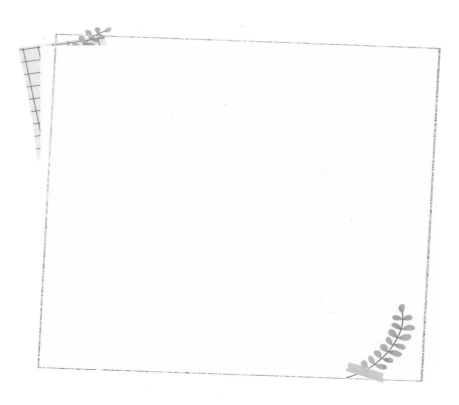

결실 Fruit

4과

주님께서
바라시는 열매

생각열기

1 여러분은 식물(동물, 자녀 등)을 직접 길러본 적이 있습니까?

2 공을 들였지만, 기대했던 것만큼 잘 자라지 않는 식물(동물, 자녀 등)을 볼 때 어떤 마음이 듭니까?

성찰하기

1 주님의 관점에서 자신은 어떤 부분에서 만족스럽거나 불만족스럽습니까?

2 주님께서 여러분에게 어떤 부분에서 변화를 요청하실까요?

살펴보기

말씀을 통해 주님께서 바라시는 열매는 무엇인지 살펴봅시다.

| 성령의 열매 |

바울은 무엇과 무엇을 비교합니까? 갈 5:16-17

성령의 인도를 받지 못하면 어떤 일이 초래됩니까? 갈 5:19-21

성령은 어떤 열매를 맺게 합니까? 갈 5:22-23

그것이 어떻게 가능합니까? 갈 5:24

여러분이 맺고 싶은 성령의 열매는 무엇입니까?

| 공평과 정의의 열매 |

주님은 포도나무에 대해 무엇을 기대하셨습니까? 사 5:1-2

이 그 결과는 어땠습니까? 사 5:3-4

이후 주님은 어떻게 하기로 결심하셨습니까? 사 5:5-6

이 비유가 의미하는 것은 무엇입니까? 사 5:7

여러분은 주님이 기대하신 공평과 정의의 열매를 맺고 있습니까?

더 생각해보기

1 성령의 열매와 공평과 정의의 열매는 어떤 관계성이 있다고 생각합니까?

2 개인적 또는 사회적 차원에서 여러분이 그동안 소홀히 여겼던 열매는 무엇입니까?

3 한국 교회는 그동안 어떤 열매를 맺어왔으며, 앞으로 어떤 열매를 맺기를 기대합니까?

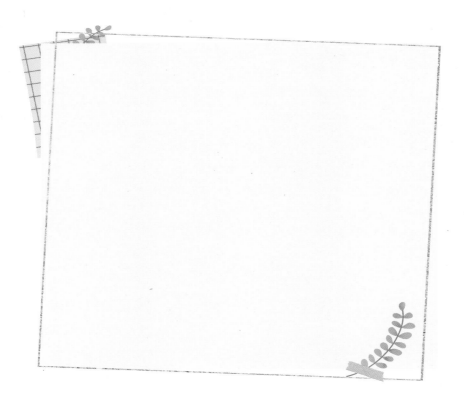

결정
Decision

1과

선택의 기로에서

생각열기

1 여러분이 가장 최근에 한 중요한 결정은 무엇입니까?

2 인생에서 가장 중요한 결정의 순간은 언제, 무엇을 결정할 때라고 생각합니까? 왜 그렇게 생각합니까?

성찰하기

1 중요한 결정을 앞두고 여러분은 보통 어떻게 합니까?

2 여러분은 어떤 결정을 하고 크게 후회한 적이 있습니까? 언제, 무슨 일로 그랬습니까?

살펴보기

말씀 속에서 올바른 결정을 위해 무엇이 중요한지 살펴봅시다.

| 아브라함의 가정 |

아브라함의 가정은 어떤 결정을 앞두고 있었습니까? 창 24:1-9

이에 아브라함의 청지기는 어떻게 했습니까? 창 24:10-14

이후 어떤 일이 벌어졌습니까? 창 24:15-20

주님은 그의 기도에 어떻게 응답하셨습니까? 창 24:21-27

여러분도 이런 경험을 한 적이 있습니까? 있다면 이야기해 봅시다.

| 솔로몬 |

솔로몬에게 어떤 약점이 있었습니까? 왕상 11:1-2

그것은 어떤 문제를 초래했습니까? 왕상 11:3-8

이에 주님은 어떻게 하셨습니까? 왕상 11:9-11

그런 가운데에서도 주님은 어떤 은총을 베푸셨습니까? 왕상 11:12-13

주님께 최고의 지혜를 받은 솔로몬에게 왜 이런 일이 생겼을까요?

더 생각해보기

1 위 두 가지 사례를 비교함으로써 어떤 통찰을 얻을 수 있습니까?

2 여러분은 선택의 기로에서 자신이 원하는 대로 결정합니까, 아니면 주님을 의지함으로 기도하고 응답을 구합니까?

3 올바른 결정을 위해 그 밖에 무엇이 더 필요하다고 생각합니까?

2과

주님을
경외합니까?

생각열기

1 현재 여러분이 하고 싶은 것은 무엇이며 해야 하는 것은 무엇입니까?

2 그중에서 여러분은 주로 무엇을 선택하는 편입니까?

성찰하기

1 말씀을 읽다 보면 지켜야 할 것들이 종종 등장합니다. 여러분은 어떤 말씀을 지키기가 가장 어렵습니까?

2 여러분은 말씀 안에서 자유를 누리고 있습니까? 아니면 하나님의 말씀을 구속으로 느끼고 있습니까?

살펴보기

말씀을 통해 무엇이 선택의 기준이 되어야 하는지를 살펴봅시다.

| 선악과 사건 |

주님은 에덴동산에 무엇을 두셨습니까? 창 2:8-9

주님은 사람에게 어떤 명령을 하셨습니까? 창 2:15-17

이후 어떤 일이 생겼습니까? 창 3:1-7

아담과 하와는 이에 어떻게 반응했습니까? 창 3:8-13

이 사건은 어떤 점에서 중요합니까? 롬 5:12

| 이삭의 번제 사건 |

주님은 아브라함에게 무엇을 명령하셨습니까? 창 22:1-2

이에 아브라함은 어떻게 반응했습니까? 창 22:3-10

아브라함은 어떤 마음으로 그렇게 했을까요?

주님은 왜 그런 명령을 하셨을까요? 창 22:11-18

이 사건은 어떤 점에서 의미가 있습니까? 히 11:17-19

더 생각해보기

1 이런 내용을 통해 볼 때 주님의 명령은 어떤 의미를 지닙니까?

2 여러분에게 있어 선악과는 무엇입니까?

3 주님의 말씀을 지키려고 애쓰면서도 한편으로 억울한 마음이 들 때는 없습니까? 그럴 때는 어떻게 해야 할까요?

3과

위기의 순간에

 생각열기

1 뜻하지 않은 비상 상황에서 여러분은 신속하게 대처하는 편입니까?

2 여러분이 당하거나 목격한 위기 상황은 어떤 것이었습니까? 그때 여러분은 어떻게 했습니까? 도움을 준 사람이 있었습니까?

성찰하기

1 여러분은 위기의 순간에 주로 어떻게 합니까?(예. 도와줄 사람을 찾는다, 자신이 해야 할 일을 한다, 묵인한다, 회피한다 등)

2 최근 우리 사회의 위기는 무엇으로부터 비롯된다고 생각합니까?

살펴보기

말씀을 통해 올바른 결정으로 위기를 극복한 사례들을 살펴봅시다.

| 사사 기드온 |

당시 이스라엘 백성들은 어떤 상황에 처해 있었습니까? 삿 6:1-6

주님은 기드온에게 어떤 사명을 주셨습니까? 삿 6:11-14

이에 기드온은 먼저 무엇을 구했습니까? 삿 6:36-40

주님은 어떻게 기드온을 격려해 주셨습니까? 삿 7:9-14

이 일의 결말은 어떻게 되었습니까? 삿 7:19-25

| 왕후 에스더 |

당시 유대인들은 어떤 위기 상황에 처했습니까? 에 3:12-15

에스더는 어떤 딜레마 상황에 있었습니까? 에 4:10-14

결국 에스더는 어떤 결정을 내렸습니까? 에 4:15-16

에스더는 무엇을 계획했습니까? 에 5:1-8

이는 에스더의 어떤 면모를 보여줍니까?

더 생각해보기

1 이런 사례를 통해 여러분은 무엇을 알 수 있습니까?

2 혹시 여러분은 어떤 이유에서든지 위기 상황을 못 본 척 간과하고 있지는 않습니까?

3 오늘날 우리는 기드온이나 에스더와 같은 사람을 찾아볼 수 있습니까?

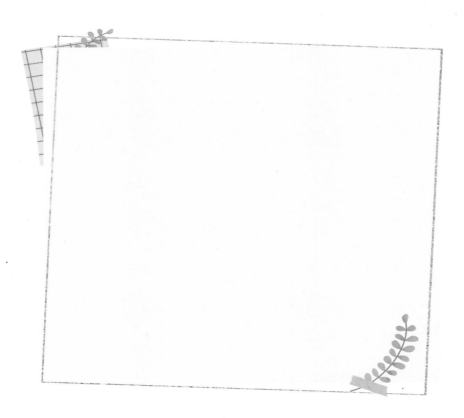

결정 Decision

4과

끝까지 신실하게

생각열기

1 친구나 지인 가운데 말이나 약속을 자주 바꾸는 사람이 있습니까? 그것은 여러분에게 어떤 영향을 미칩니까?

2 우리 사회/교회에서는 어떤 결정을 내릴 때 충분한 합의를 거칩니까?

성찰하기

1 여러분은 무엇인가를 결정해야 할 때 신중하게 접근합니까? 아니면 상황에 따라 유동적입니까?

2 위 두 가지 방식의 장단점을 비교해 봅시다.

살펴보기

말씀을 통해 신중하지 못한 결정의 사례들을 살펴봅시다.

| 라반 |

당시 야곱은 어떤 상황이었습니까? 창 30:25-30

야곱과 라반은 무슨 약속을 했습니까? 창 30:31-36

이후 라반은 약속을 지켰습니까? 창 31:4-7

라반은 또 어떤 잘못을 했습니까? 창 31:14-16

라반은 왜 그랬을까요?

| 시드기야 왕 |

당시 상황은 어땠습니까? 렘 34:7

시드기야는 백성들과 무슨 약속을 했습니까? 렘 34:8-10

그것은 무엇에 근거한 것이었습니까? 레 25:10

시드기야는 그 약속을 지켰습니까? 렘 34:11

이에 대해 주님은 뭐라고 하셨습니까? 렘 34:12-22

더 생각해보기

1 이런 사건들을 통해 얻게 되는 교훈은 무엇입니까?

2 조직 내에서 합의된 결정은 어떤 의미를 지닌다고 생각합니까?

3 비록 나에게 유리하지 않더라도 이미 합의가 되었다면 그것을 따르겠습니까?

부록

교재의 의미와 개요

I. 시대적 요청과 기독교교육의 방향

코로나 이후 한국 교회는 공동체성의 함양과 다음세대 양육에 대해 고민이 깊다. 사회 내에서 기독교에 대한 반감이 깊은 상황 속에서 교회는 다시 부흥을 꿈꿀 수 있을까? 이를 위해 우리는 먼저 기존의 기독교교육에 대해 고찰할 필요가 있다. 흔히 '기독교교육'이라면, 어린이나 청소년을 대상으로 하는 교육, 또는 목회자의 설교를 떠올리기 쉽다. 그러나 신자들의 삶이 일반인들과 다른 점이 없다든지, 우리 사회가 정의롭고 평화로운 사회로 나아지는 것이 아니라 오히려 갈등과 폭력이 심각해진다면 우리는 과연 어떤 목적으로 기독교교육을 수행했는지를 반성하지 않을 수 없을 것이다.

전통적으로 교육과정은 랄프 타일러(Ralph W. Tyler)의 방식에 따라 교육목표의 설정과, 학습경험의 선정 및 조직, 평가의 체계성이 강조되었고 이런 원리는 기독교교육에도 적용되었다. 그러나 학습효과 측면에서 의문이 제기되면서 기독교교육에 행동주의 이론이 도입되었고 교육의 효율성을 증대하고자 했다. 그 이후에는 교육의 방향성이 누구의 이익을 위한 것이었는지를 물

으면서 재개념주의 교육과정론이 도출되었고, 기독교교육 분야에서도 역시 교육의 결과로 하나님의 뜻이 성취되었는지, 잠재적 교육과정 가운데 비기독교적인 요소는 없었는지를 점검하려는 움직임이 나타났다.[1]

따라서 우리는 기존의 기독교교육이 교회 유지를 위해 성장주의를 지향하며 행동주의에 근거해 신자들을 보상체제로 길들이려고 하지 않았는가를 비판적으로 고찰해야 한다. 또한 사회질서 유지를 위한 윤리나 도덕으로 기독교를 환원시키는 오류를 범하지 않았는지 재고해야 할 것이다. 그 까닭은 기독교교육의 궁극적인 지향점이 사회질서 유지에 있지 않고 예수 그리스도의 비전, 곧 하나님 나라에 있기 때문이다.[2] 하나님 나라는 삼위일체 하나님의 관계성과 평등성, 개방성의 특징을 지닌다.[3]

그러나 세계화된 현대 사회는 무한경쟁 시스템 속에서 적자생존과 각자도생을 강조함으로써 고립과 차별, 승자독식의 문제를 초래했다. 이기주의와 양극화의 심화로 공동체성과 평등의 가치가 훼손되었고 불안과 스트레스로 인해 심리·정신적 고통이 만연하다. 또한 기후·환경 위기로 온 피조 세계가 고통을 겪고 있다. 출애굽과 그리스도의 구속 사건을 이루신 하나님께서는 이런 고통에 함께 하신다. 우리 역시 하나님의 사역에 참여함으로써 예수 그리스도의 비전을 공유할 수 있다.

이 교재는 신자들로 하여금 이런 현실을 도외시하지 않고 하나님 나라의 비전을 삶의 중심에 위치시킴으로써 정의와 평화, 사랑과 긍휼의 공동체를 회복할 수 있게 기획되었다. 특히 구약의 희년(Jubilee)이 하나님 나라의 회복과 어떤 관련성이 있는지를 이해하게 하고 사회 내 만연한 고통의 문제를 해

---

1 강희천, 『기독교교육의 비판적 성찰』(서울: 대한기독교서회, 1999), 49-68.
2 토마스 H. 그룹/이기문 옮김, 『기독교적 종교교육』(서울: 대한예수교장로회총회교육부, 1983), 68.
3 김현숙, 『탈인습성과 기독교교육』(서울: 대한기독교서회, 2004).

결하기 위해 어떤 방법을 강구해야 할지를 모색하게 한다.

이런 교육목적 가운데 이 교재는 세 가지 교육목표를 갖는다. 그것은 첫째, 소그룹 구성원들의 개방적 성찰을 격려하는 것이다. 그동안 학교교육을 통해 무의식적으로 수용했던 비성경적인 가치관을 말씀의 거울에 비추어 비판적으로 재고함으로써 과연 그것이 하나님 나라와 양립할 수 있는지, 만일 모순이 존재한다면 어떤 가치를 포기하고 어떤 가치를 따라야 하는지 등을 숙고하게 한다. 둘째, 관계적 소통을 촉진한다. 믿음 안에서 한 가족이 된 성도들은 상호 배려 가운데 어떤 경험을 통해 그런 생각을 갖게 되었는지 이야기를 경청함으로써 서로를 이해할 수 있게 될 것이다. 셋째, 평등적 나눔을 도전한다. 승자독식을 정당화하는 사회와 달리, 성도들은 하나님 나라의 청지기로서 자신이 받은 은혜를 함께 나눔으로써 화평 가운데 서로의 부족한 부분을 채우게 될 것이다.

II. 교재의 특징과 학습 운영 방법

보통 소그룹에서 사용하는 제자훈련 교재들은 구원의 확신으로부터 출발해 기독교인의 기본적 소양에 대한 이해를 돕는다는 점에서 신앙경력에 따른 단계별 학습이 가능하다는 점과, 재생산의 구조를 통해 교회 성장에 기여한다는 점 등의 장점을 지닌다. 그러나 제자훈련의 궁극적인 방향이 개교회의 부흥만이 아니라 공교회적으로 하나님 나라로 수렴되는가에 대한 질문이 제기될 수 있다. 또한 제자훈련 교재는 주로 영혼 구원과 양육에 초점이 있다 보니 변화하는 사회적 정황과 말씀이 서로 어떻게 관련되는지 통찰하게 하는 데 한계가 있다. 말씀의 맥락을 고려하지 못한 단답형의 문답 형식도 성경 이해를 단순화시키는 문제를 초래할 수 있다.

한편, 월간 큐티 교재나 성경읽기표 등을 활용하여 말씀을 묵상하고 각자 묵상한 말씀을 소그룹을 통해 서로 나누는 방법도 교회 교육 현장에서 병용되고 있다. 이런 방법은 규칙적으로 성경을 읽게 하고 본문 전후 맥락 속에서 각 부분의 의미를 살필 수 있게 한다는 장점이 있다. 그러나 성경 전체를 다루는 데 오랜 시간이 필요하고 성경의 맥락에 집중하다 보니 사회 이슈를 역동적으로 다루는 데 역시 한계가 있다고 볼 수 있다.

또한 기존의 기독교교육은 주로 말씀 듣기와 개인적 나눔으로 이루어지는 것이 일반적이어서 교회에서는 선포적, 고백적 언어를 많이 사용하는 경향이 있다. 이런 언어 형식은 상호적이라기보다는 일방적이라는 한계를 노출한다. 또한 최근 사회적 이슈와 관련해 한국 교회는 소통의 한계를 드러냈다. 그러나 민주주의 사회에서는 자신의 의견을 논리적으로 제시하고 이견이나 반론에 대해 합리적으로 대응할 수 있는 성숙한 태도와 의사소통의 기술이 요구된다.

실천신학자 존 콜먼(John A. Colemann)에 따르면, 성도들은 제자직(discipleship)과 시민직(citizenship)의 균형감을 가지고, 사회 내 권력의 남용이나 횡포를 견제하고 비판할 수 있도록 세상과 소통할 수 있는 역량을 갖추어야 한다.[4] 따라서 다양한 사회적 이슈에 대해 토론을 활성화함으로써 서로 의견이나 질문을 교환하고 말씀에 기초해 성경적 대안을 모색할 수 있도록 기독교교육의 장을 마련해야 할 필요가 있다.

이에 이 교재는 성인을 대상으로 일상의 화제로부터 시작하여 사회적 이슈와 자신의 신앙이 어떻게 관련되는지를 고찰하게 한다. 소그룹 구성원들

---

4 John A. Coleman, "The Two Pedagogies: Discipleship and Citizenship," *Education for Citizenship and Discipleship*, ed. Mary C. Boys (New York: Pilgrim, 1989), 35-75.

은 서로 자유롭게 토론하고 의견을 나누는 가운데 생각의 폭을 넓히고 다양한 견해들을 어떻게 다루어야 할지를 배울 수 있을 것이다. 이로써 구성원들의 성찰 역량과 소통 역량, 나눔 역량을 강화할 수 있다.[5]

좀 더 구체적으로 이 교재는 기독교교육학자 토마스 그룸(Thomas H. Groome)의 교육방법을 활용하여 우선 중심 주제에 대한 각자의 평소 생각을 나누게 함으로써 소그룹 구성원들의 현재 상태를 이해한다. 다음으로, 각자 가지고 있던 견해나 행동이 어디서부터 출발했으며 그 결과는 무엇인지에 대해 성찰할 수 있게 한다. 이후 소그룹 리더는 주제와 관련된 기독교의 이야기와 그것이 요청하는 신앙적 응답을 제시함으로써 구성원들로 하여금 각자 자신의 이야기와 기독교의 이야기를 변증법적으로 연결시키고, 자신의 비전과 기독교의 비전을 결합해 나갈 수 있게 하는 것이다.[6]

이런 과정에 따라 이 교재는 공통적으로 각 과마다 네 단계로 구성되는데, 먼저 '생각 열기'에서는 소그룹 구성원들이 부담 없이 대화를 시작할 수 있도록 일상적인 질문을 배치했다. 이어 '성찰하기'에서는 앞서 나눈 내용을 좀 더 심화시킬 수 있는 질문들로 구성했다. 다음으로 '살펴보기'에서는 지금까지 서로 나눈 내용을 말씀에 비추어 보도록 문답식으로 질문을 구성했다. 이때 해당 본문의 전후 맥락을 살펴볼 수 있도록 했다. 마지막으로 '더 생각해 보기'에서는 앞서 다룬 내용을 정리하고, 그 밖의 질문거리 및 구체적인 실천 방안 등을 다루도록 했다.

그 외에 분기별로 한번씩 '실천하기'(부록 참고)를 통해 외부 활동을 진행할 수 있도록 했다. 예를 들면, 의미 있는 유적지나 기관을 방문하거나, 국내 또

---

5 유은주, "세계화 시대의 희년 공동체 형성을 위한 탈인습적 기독교 성인교육 연구"(연세대학교 박사학위 논문, 2019), 141-160.

6 토마스 H. 그룸, 『기독교적 종교교육』 298-340.

는 해외 아웃리치, 지역 주민을 위한 바자회 개최, 환경보호를 위한 아나바다 운동, 탄소금식 운동 등을 소그룹 구성원들 스스로가 계획하고 참여하게 함으로써 바쁜 일상 속에서 쉽게 간과되었던 부분에 대해 관심을 환기하고, 비록 작더라도 변화를 위한 사회적 행동에 동참할 수 있도록 계기를 마련할 수 있다.

교육내용의 선정과 조직은 미국 프린스턴 신학대학원의 교수였던 리처드 아스머(Richard R. Osmer)의 신앙의 네 가지 차원을 고려하여 신념편, 관계편, 신비편, 헌신편으로 구성했다. 먼저 신념편에서는 우리가 기독교를 신앙하는 궁극적인 이유에 대한 신념 및 삶의 궁극적인 가치에 대한 신념, 또한 우리의 삶에서 마주하게 되는 수많은 선택과 관련된 신념에 대해 성찰한다. 다음으로 관계편에서 친구와의 관계 및 가족 내에서 어떤 특징이나 문제가 있는지 등을 고찰하고 지혜로운 멘토링을 통한 해결의 방안을 다룬다. 신비편에서는 영적인 측면에서 인생을 어떻게 바라봐야 할지, 기독교 신앙이 어떤 점에서 세속적 가치관과 차이가 있으며 인생에서 마주하게 되는 고난의 문제를 어떻게 해석해야 할지 등에 대해 고찰한다. 마지막으로 헌신편에서는 기독교적 사랑 및 회복의 진정한 의미를 다룸으로써 예수 그리스도의 본을 좇는 섬김의 삶을 결단하게 한다.

교육내용과 관련하여 이 교재는 성경 전체의 내용을 통전적으로 이해할 수 있도록 구약과 신약 어느 한쪽에 치우치지 않고 균형 있게 다루려고 했으며, 기존의 기독교교육이 잘 다루지 않았던 부분들을 조명하여 그 의미를 고찰하고자 했다는 점에서 특징이 있다. 일례로, 레위기 25장에 기록되어 있는 희년법은 그동안 그 의미와 가치에 대해 종종 간과되었는데 하나님 나라의 회복이라는 관점에서 이런 부분들을 주의 깊게 살펴볼 필요가 있다.

이로써 소그룹 구성원들은 말씀을 들여다보면서 무엇이 주님이 바라시는 모습일까를 고민하고 자기 자신이나 자기 교회만을 위한 동기가 아니라 하나님 나라의 비전 가운데[7] 성숙한 신앙과 올바른 실천으로 나아가게 될 것으로 기대한다. 소그룹 운영시간은 인원수와 나눔의 깊이에 따라 상이할 수 있지만 평균적으로 한 과당 90~120분 정도 소요될 수 있고 필요에 따라 간소화될 수 있다. 더욱 깊은 성찰과 나눔을 위해서는 한 과를 두 주에 걸쳐 진행하는 것도 고려해볼 만하다.

7   Bonnidell Clouse, *Teaching for Moral Growth* (Wheaton, IL: Victor, 1993), 280-283.

전체 교육과정

|신념편|

주제	과	과별 제목	주제 본문
소원	1	우리의 소원	창 15장, 21장, 왕상 2-4장, 롬 4장
	2	기복신앙	시 1, 37, 73편, 마 5장
	3	주님의 비전	창 18장, 사 1, 5, 11, 58장, 마 23장
	4	주님의 기도	마 6, 26장, 막 1장
결실	1	열매 맺는 삶	시 127편, 잠 16장, 전 3, 11-12장, 요 15장
	2	후회하고 있지는 않습니까?	마 26-27장, 눅 22장, 요 21장
	3	인생의 빈 그물을 채우시는 주님	욥 29-30장, 행 9장
	4	주님께서 바라시는 열매	사 5장, 갈 5장
결정	1	선택의 기로에서	창 24장, 왕상 11장
	2	주님을 경외합니까?	창 2-3, 22장, 롬 5장, 히 11장
	3	위기의 순간에	삿 6-7장, 에 3-5장
	4	끝까지 신실하게	창 30-31장, 레 25장, 렘 34장

|관계편|

주제	과	과별 제목	주제 본문
친구	1	내 친구	삼상 17-20장, 삼하 9장, 단 1-3장
	2	유유상종	왕상 11-12, 22장
	3	이성 교제	삿 14-15장, 룻 1-3장
	4	참된 친구	마 9장, 막 14장, 요 13, 15, 18장
멘토	1	도움이 필요할 때	삼상 1장, 요 3, 7, 19장
	2	인생의 멘토	왕상 17-19장, 왕하 2장, 행 11장, 딤후 1-2, 4장
	3	지혜로운 멘토링	삼하 11-12장, 에 2-4장
	4	공적 멘토	신 16-17장, 느 4-5장, 잠 31장
가족	1	우리 가족	창 25, 27장, 삼상 18-19장, 삼하 3, 6장
	2	행복한 가정	시 127-128편, 엡 5-6장
	3	결혼 또는 비혼	창 2장, 고전 7장
	4	주님 안의 한 가족	막 3장, 행 2, 4장

주제	과	과별 제목	주제 본문
여행	1	인생여정	창 12장, 출 1-3장
	2	천로역정	엡 6장
	3	피난의 여정	룻 1-2장, 삼상 22, 25장
	4	집으로 가는 길	민 20장, 신 34장, 행 6-8장
휴식	1	쉼의 의미	창 2장, 출 20장, 렘 17장, 느 13장, 마 12장, 요 5장
	2	참된 안식을 얻으려면	왕상 19, 21장, 마 6장
	3	안식의 기반	레 25장, 민 27, 36장, 신 27장, 룻 4장, 왕상 21장
	4	쉼이 필요해	출 23장, 레 25장, 신 15장, 느 5장
고난	1	삶에 고난이 찾아올 때	창 37, 39, 41장, 행 16장
	2	섣불리 단정할 수 없는 난제	욥 1, 31, 42장, 요 9장
	3	기꺼이 짊어지는 고난	단 6장, 마 3, 11장, 막 6장
	4	고난받는 자의 편에 계시는 주님	신 27장, 삼하 11장, 왕상 21장

주제	과	과별 제목	주제 본문
회복	1	회복을 바라는 사람들	출 1-3장, 사 42장, 겔 16장, 마 12장, 눅 4-5, 7장
	2	관계의 회복	창 29-31, 37, 44-45장
	3	영적 회복	사 59장, 암 5장, 눅 19장
	4	하나님 나라의 회복	출 22장, 신 24장, 마 20장
사랑	1	조건 없는 사랑	스 9장, 눅 10, 15장, 요 4장
	2	사랑의 교제	삼상 16-17장, 시 4, 18편, 눅 10장
	3	최고의 가치, 사랑	마 22, 25장, 요 13장, 고전 13장, 요일 3-4장
	4	사랑이라는 이름으로	삼상 2-3장, 삼하 13장
섬김	1	하나님의 어린양	출 12장, 사 53장, 히 9-10장, 빌 2장
	2	진정한 섬김	막 1-2, 6, 8, 10장
	3	주님을 섬기는 사람들	렘 35장, 욘 1-4장
	4	강요된 희생	창 29-31장, 삿 11장

소모임 활동계획표

지역/사회를 위해 어떤 활동을 계획하고 싶습니까?	• 일시 • 장소 • 유적지/기관 방문 • 국내/국외 아웃리치 • 주민 바자회/공동창고 • 탄소금식 운동 • 기타
활동의 목적 및 기대하는 결과	• • • •
활동을 위해 필요한 것들	• 예산 • 참여 인원 • 조직 • 준비물

활동을 위해 준비해야 할 일들	• 준비모임
	  1차)
	  2차)
	• 예산 마련
	• 기도 준비
	• 이동 수단
	• 식사/간식
	• 홍보

후속 활동	• 참여자 피드백 • 평가회 • 스태프 사례 • 다음 활동 계획

신앙의 성숙 단계

나의 신앙은 어디에 해당하는가

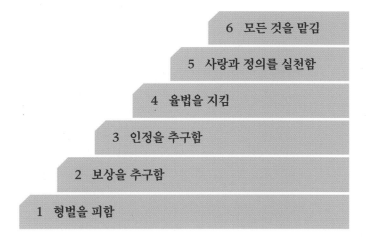

Bonnidell Clouse, *Teaching for Moral Growth: A Guide for the Christian Community Teachers, Parents, and Pastors* (Wheaton, IL: Victor, 1993), 280-283.